Tomaten
Büchlein

von

Regina Röhner

BuchVerlag
für die Frau

Foto S. 2: Kugeltomate „Harzfeuer“

ISBN 978-3-89798-295-6

Fotos: fotolia.com (S. 14, 57, 71, 75, 87, 101, 107),
Sibille Müller (S. 1, 13, 21, 49),
Regina Röhner (alle übrigen Fotos),
Verlagsarchiv (S. 65, 91, 95)
Einband, Satz und Typographie:
Catharina Ende, Leipzig
Druck: Messedruck Leipzig GmbH
Bindearbeiten:
Müller Buchbinderei GmbH Leipzig

Printed in Germany

www.buchverlag-fuer-die-frau.de

Inhalt

Paradiesapfel vom Beet

Eine sonnengereifte Tomate, aus dem eigenen Garten, aus biologischem Anbau, vielleicht dazu noch eine besondere Sorte – naturell oder mit Kräutern, Gewürzen und Öl – das ist reiner Genuss.
Tomaten (lateinisch *Lycopersicon esculentum, Solanum lycopersicum*) – auch Liebes-, Paradies- oder Goldäpfel genannt (engl.: tomato; franz.: tomate; ital.: pomodoro; österreich.: Paradeiser) gehören heute weltweit zu den beliebtesten Gemüsen. Dabei sind sie auch noch ausgesprochen kalorienarm:

100 Gramm enthalten nur 17 Kilokalorien.

Schon die Sorten-Namen wecken Emotionen: Berner Rose, Quedlinburger Frühe Liebe, Rotkäppchen, Noire de Russe, Weiße Mirabelle, Goldene Königin, Green Zebra, Black Plum, Ochsenherz oder Stierhoden (= Couilles Taureau siehe Foto S. 7), Tigerella ...

Von den unterschiedlichen Größen abgesehen gibt es Tomaten in allen erdenklichen Farben und Formen: in rot, rosa, gelb, grün, weiß und braun, einfarbig, gestreift und geflammt, von gleichmäßig rund über ei-, flaschen- und herzförmig bis skurril-verwachsen ist alles möglich.

Kirschtomate Dasher

Auch wenn es bis zur ersten reifen Frucht einiger Mühe, Geduld und manchmal auch des Wegsteckens von Niederlagen bedarf, so stellen Hobbygärtner beim Genuss der ersten reifen Frucht immer wieder fest: Es hat sich gelohnt. Dieser Geschmack, die Frische, der Duft – einfach köstlich. Tomaten sind rundum küchen- und genusstauglich: Als frisch gepflückte Frucht, als Saft, Salat, Suppe, gegrillt oder gegart, getrocknet und in Öl eingelegt, püriert oder gefüllt, im vegetarischen Menü oder zu Fisch, Fleisch, Eiern, Käse, als Tomatenmark oder -ketchup. Sie vertragen sich ausgezeichnet mit Basilikum, Thymian, Kresse, Sonnenblumen-, Distel- und Olivenöl, gutem Rot- und Weißweinessig, Oregano, Zwiebeln, Knoblauch, Bohnenkraut, Estragon, Salbei, Käse, Sahne … Der Phantasie scheinen keine Grenzen gesetzt.

Gesundes Gemüse

Nicht nur wegen ihres guten Geschmacks, auch wegen ihres hohen gesundheitlichen Wertes schätzen wir Tomaten.

Pro 100 g essbarem Anteil enthalten sie etwa 94 g Wasser, nur wenige Kohlenhydrate, dafür aber 24 mg Vitamin C und Vitamine der B-Gruppe, Folsäure, Kalium und zahlreiche Spurenelemente – ein ideales Gemüse für die leichte, gesunde Ernährung.

Ihr natürlicher Farbstoff, das Karotinoid Lykopin, gilt als einer der stärksten bekannten Radikalenfänger, schützt also vor Krebs.

Hochgelobt wird Lykopin auch als „Anti-Aging"-Mittel, das die Festigkeit der Haut und ihre Dichte verbessert, ja, Fältchen mindert. Für den menschlichen Körper verfügbar wird das Lykopin erst durch Erhitzen, erleichtert wird seine Aufnahme durch die Zugabe von Fetten, z.B. Olivenöl.

Die Säuren der Tomate wirken appetitanregend, entwässernd und blutdrucksenkend, sie helfen bei der Behandlung von Rheuma und Gicht. Dabei spielt es keine Rolle, ob die Tomaten frisch oder als Tomatenmark oder -soße genossen werden.

Roh und zubereitet, selbst noch im Ketchup, stärken Tomaten das Immunsystem. Wenn man darauf achtet, Ketchup mit hohem Tomaten- und geringem Zuckeranteil zu kaufen, ist dieses Produkt besser als sein Ruf.

Die Tomate
– ein Geschenk der Neuen Welt

Tomaten gehören zur Pflanzenfamilie der Nachtschattengewächse, der Solanaceen.
Ihr botanischer Name ist Lycopersicon esculentum – essbarer Wolfspfirsich. Das Wort „Wolf“ erinnert noch an die ihr lange nachgesagte Gefährlichkeit.
Die ursprüngliche Heimat dieser Beerenfrüchte ist Südamerika. In Mexiko wurden sie kultiviert. Die Azteken schätzten sie als Heil- und Nutzpflanze, als Aphrodisiakum und Glücksbringer.

Als Hernán Cortéz, der Eroberer Mexikos und Zerstörer des Aztekenreiches, 1528 mit reichen Goldschätzen in seine Heimat Spanien zurückkehrte, soll er an Bord seines Schnellseglers auch kleine, goldgelbe Früchte mitgeführt haben, die in ihrer Heimat als „tomatl" bezeichnet wurden, was soviel wie „Schwellfrucht" bedeutet und wegen der nachgesagten aphrodisierenden Wirkung durchaus doppeldeutig zu verstehen ist.
Von Spanien aus eroberte die Tomate den europäischen Kontinent und Nordafrika, wurde in Zier-

Wildtomate „Small Egg"

gärten und Apothekergärten gezogen. Ihre Blüten und Früchte erfreuten das Auge. Ansonsten haftete ihr, wie allen Nachtschattengewächsen, der Ruch des Unheimlichen an, was ihren kulinarischen Siegeszug etwas verzögerte, ihrer Ausbreitung und der Experimentierfreude der Züchter aber nicht entgegenstand. Form und Farbe der Früchte änderten sich, sie wurden dicker und roter. Wer es wagte, die Beeren zu probieren, bereitete sie mit Pfeffer, Öl und Salz zu.

Als „pomodoro", als Goldapfel, erlangte die Tomate im Königreich Neapel, das damals von den spanischen Habsburgern beherrscht

wurde, ersten europäischen Küchenruhm, fand ihren Weg in die Küchengärten und Kochtöpfe. Ende des 17. Jahrhunderts war sie aus der italienischen Küche nicht mehr wegzudenken.
In vielen europäischen Ländern galt die Tomate weiterhin als giftig, was auch dem Umstand geschuldet ist, dass es wegen ihres Solaningehaltes beim Genuss unreifer Früchte zu Vergiftungen kommt. Ihr wurde auch nachgesagt, sie verursache Liebeswahn. Heute ist die Tomate mit einem durchschnittlichen jährlichen Prokopfverbrauch von 17,5 Kilogramm in Deutschland die beliebteste Gemüsesorte. Kaum vor-

stellbar, dass sie erst seit Ende des 19. Jahrhunderts unsere Küchenzettel bereichert. Eine der ältesten – vermutlich seit 1884 – in Deutschland zugelassenen Tomatensorten ist die „Goldene Königin“, eine gelbfrüchtige Stabtomate.

Liebe geht durch den Magen

Bis heute wird der Tomate eine leicht aphrodisierende Wirkung nachgesagt. Ob es stimmt? – Einfach ausprobieren.

Die alte Bezeichnung „Liebesapfel" weist zumindest in diese Richtung. Und bis ins späte 19. Jahrhundert war die Tomate in Deutschland als „übles Gewächs" verrufen, das zur Unkeuschheit verführe.

Inzwischen wurde in der Tomate der Botenstoff Serotonin nachgewiesen. Er gilt als „Glückshormon", wirkt stimmungsaufhellend, soll positives Denken unterstützen

und auch das Sexualverhalten stimulieren. Der Volksglaube weiß: Liebenden, die alle drei Tage zusammen eine Tomate essen, bleibt die Liebe stets erhalten.
In der Volksmedizin heißt es: Allabendlicher Tomatengenuss – wobei eine Frucht ausreichen soll – sorgt für entspannte Nerven und einen ruhigen Schlaf.

Bunte Tomatenvielfalt

Die Anzahl der Tomatensorten und -varietäten wird heute auf etwa 10.000 geschätzt. Viele sind längst von den offiziellen Sortenlisten verschwunden – wirtschaftlich uninteressante Sorten besitzen keine Sortenzulassung mehr.
Engagierten Tomatenliebhabern und -freunden, die schmackhafte alte, fast vergessene Sorten anbauen und vermehren, ist es zu verdanken, dass diese Schätze nicht völlig in Vergessenheit geraten. Von ihnen kann man auch Tomatensaatgut für den „Zierpflanzen-

anbau“ beziehen. Ob man sich dann an den Hinweis hält: „Die Früchte der von uns angebotenen Tomatensorten dürfen nicht zu Genusszwecken missbraucht werden“, mag jeder selbst entscheiden.

Die Palette reicht von knackig süßen Wildtomaten, deren Früchte kaum größer als Johannisbeeren sind, bis zu Fleischtomaten, die mehr als ein Kilogramm auf die Waage bringen.
Eine Züchterin erzählte mir, sie pflanze jedes Jahr zehn neue Sorten an, von denen sie immer jene fünf, die ihr besonders gut mundeten, behalte. Ich selber habe mir vorgenommen, es immer bei zwölf Sorten zu belassen.
Nach Form und Größe werden vier Tomatensorten unterschieden:

Kugeltomaten: mittelgroße Tomaten, die bei uns beliebteste Handelssorte.

Fleischtomaten: mehrkammerige Früchte, wesentlich schwerer als Kugeltomaten, geringerer Fruchtsäuregehalt, kernarm.

Flaschentomaten: auch Roma- oder Eiertomaten genannt, ovalängliche bis birnenförmige Früchte, dickfleischig, meist süß, aromatisch und kernarm.

Cocktailtomaten: bekannt auch als Kirsch-, Cherry- oder Partytomaten; süße Früchte von maximal 2,5 cm Durchmesser; beliebt als Snack und Garnitur.

Meine Tomaten 2009

Andenhörnchen:
Diese großwüchsige, aromatische Tomatensorte stammt aus den Anden (Südamerika). Ihre länglichen Früchte – die Hörnchen – erinnern an Paprikaschoten, haben wenig Samenkerne und wenig Saft.
Regenschutz ist unbedingt erforderlich. Die Seitentriebe müssen konsequent ausgegeizt werden.

Black Plum:
Die 30 bis 40 Gramm schweren Früchte sind länglich oval und von braunroter Farbe, das Frucht-

fleisch ist braun-olivgrün. Ertragreiche Sorte. Zum Frischverzehr, für Salate und als Ofentomaten einfach lecker.

Black Zebra:

Mittelgroße, mittelfrühe Tomate; braun-grün-rötlich geflammt.
Eine wuchsfreudige und lange tragende Rarität. Sehr schmackhaft, saftig, süßsauer, schnittfest, gute Salattomate.

Couilles Taureau:

Eine rote, bis zu 500 g schwere, wohlgeformte und schmackhafte Fleischtomate; vergleichsweise widerstandsfähig, sehr ertragreich. Ausgeizen erforderlich. Sie

1. Sibirische Frühe, 2. Weiße Mirabelle,
3. Black Zebra, 4. Andenhörnchen

5. Black Plum, 6. Black Zebra,
7. Herz des Iran, 8. Noire de Russe

stammt aus Spanien und ist dort im Volksmund als Stierhodentomate bekannt.
Ideal für Tomatensoßen und Salate, für Aufläufe und Rührei.

Herztomate Iran:
Diese Stabtomate mit roten, herzförmigen und sehr schmackhaften Früchten ist eine Rarität, mit leider nur sehr geringen Erträgen. Ich habe 2009 für diese Tomate eine Pflanzenpatenschaft übernommen.

Kirschtomate Dasher (F1):
Schmackhafte, pflaumenförmige Rispentomate, die sich ohne Regenschutz vor geschützter Haus-

wand gut entwickelt hat. Ihre Früchte eignen sich für Salat, zum Sofortverzehr und für Trockentomaten.

Mirabelle Blanche – Weiße Mirabelle:
Cocktailtomate; kleine, elfenbein- bis gelb-orangefarbene Früchte, feinsäuerlicher Geschmack; mittelfrüh; guter Ertrag. Offiziell ist nur ein Anbau als Zierpflanze möglich.

Noire de Russe:
Dunkelrot-braun-schwarze Stabtomate mit festem, aromatischem Fruchtfleisch. Gedeiht sehr gut unter Schutzdach. Höhe bis 2 m.

1. Weiße Mirabelle, 2. Black Plum, 3. Tigerella, 4. Subarctic Plenty

5. Ochsenherz, 6. Wildtomaten (Small Egg)

Ochsenherztomate
– Cuore di bue:

Eine leicht gerippte Fleischtomate, die wegen ihrer sehr dünnen Schale besonders witterungsempfindlich ist. Sie neigt zu Verwachsungen, was zwar das Äußere beeinträchtigt, aber dem Wohlgeschmack nicht schadet.

Gourmetköche schätzen ihren feinen aromatischen Geschmack: roh in Salaten, als Saft, für Soßen, in Suppen oder als gefüllte Tomaten. Wichtig ist, diese Tomaten nicht zu reif zu ernten, weil sie dann gern mehlig werden.

Die Früchte erreichen ein Gewicht von 200 bis 700 Gramm.

Sibirische Frühe:
Eine robuste und anspruchslose Buschtomate, die sich im Kübel, auf Balkon oder Terrasse wunderbar entwickelt. Sie reift bereits Ende Juni, ihre roten Früchte sind klein bis mittelgroß und das Fruchtfleisch ist fest mit sehr gutem Aroma.

Subarctic Plenty (Buschtomate):
Diese sehr frühe Sorte wurde für die US-Truppen auf Grönland gezüchtet. Bei Aussaat spätestens Anfang März bringt sie eine sehr reiche Ernte bis Ende August, danach sterben die Pflanzen ab.

Die roten, süß-säuerlichen Früchte haben einen Durchmesser von 2 bis 4 cm. Die niedrige, stark buschig wachsende Pflanze muss nicht ausgegeizt werden, die Zweige sollten aber an Stäben hochgebunden werden.
Eignet sich sehr gut für geschützten Freilandanbau vor Südwand, auch ohne Regenschutz.

Tigerella (Mr. Stripey):
Saftige Stabtomate mit rotgelb gestreiften Früchten. Früchte rund und mittelgroß, frühreifend, sehr ertragreich. Im grünen Stadium treten die Streifen deutlich stärker hervor.

Wildtomate Small Egg:
Wuchsfreudig, robust, freilandtauglich; entwickelt sich in Töpfen sehr gut. Die roten, eiförmigen Früchte haben etwa 1 bis 1,5 cm Durchmesser und zeichnen sich durch einen leicht süßlichen Geschmack aus. Reife ab Ende Juli. Sehr gute Widerstandsfähigkeit gegenüber Braunfäule.

Eine leckere Naschtomate mit sehr gutem Ertrag. Erhält die Pflanze im Herbst einen geschützten, hellen Platz im Haus, dann dankt sie es noch bis Januar/Februar mit zahlreichen Früchten.

Tomaten selbst anbauen

Tomaten können im Freiland, in Glas- oder Folienhäusern oder auch im Kübel auf dem Balkon angebaut werden.

Ganz grundsätzlich ist zu unterscheiden zwischen unbegrenzt wachsenden Sorten, die auch als ***Stabtomaten*** bezeichnet werden, und begrenzt wachsenden Sorten, den ***Buschtomaten.***

Letztere kann man einfach wachsen lassen. Gelegentlich ist eine Stütze erforderlich.

Stabtomaten sind auf Rankhilfen und auf wiederholtes Anbinden

angewiesen. Die Seitentriebe müssen ständig entfernt werden. Am einfachsten lassen sich Stabtomaten an den handelsüblichen Tomatenspiralen ziehen, doch auch Bambus- und Holzstäbe oder das Hochbinden an Schnüren geben sicheren Halt. In unseren Breiten empfiehlt sich die eintriebige Aufzucht, aber man kann Stabtomaten auch zwei- oder dreitriebig heranziehen.

Aussaat: Ende Februar, Anfang März in Saatschalen oder Töpfen. Die Erde sollte Zimmertemperatur haben (etwa 20 Grad). Gleichmäßig feucht halten. Innerhalb von 14 Tagen haben sich aus allen keimfähigen Samen Jungpflänzchen entwickelt. Sie benötigen viel Licht und sollten, damit sie nicht „vergeilen“, etwas kühler gehalten werden.

Hat sich neben den Keimblättern ein weiteres Blattpaar entwickelt, werden die Pflänzchen pikiert. Bis zum Anwachsen ist beim Gießen darauf zu achten, dass die Pflanzen nicht nass stehen. (In diesem Stadium sind die Pflanzen durch Blattsauger wie Blattläuse und Weiße Fliege gefährdet.)

Nach Erreichen einer Wuchshöhe von 10 bis 15 cm werden die Jungpflanzen in größere Töpfe umgesetzt, spätestens jetzt erhalten sie auch einen Pflanzstab.

Durch Abhärten der Jungpflanzen, z.B. im Frühbeet oder unter Folienschutz, wird erreicht, dass sie kräftig und gedrungen wachsen.

Erst nach den letzten Nachtfrösten, etwa ab dem 20. Mai – nach den „Eisheiligen" – können die Tomaten ausgepflanzt werden.
Der Wurzelballen sollte etwas tiefer als zuvor und schräg eingesetzt werden. Dadurch bilden sich zusätzliche Wurzeln, die Nährstoffversorgung der Pflanze wird verbessert.
Die gelben Blüten der Tomaten erscheinen von Mai bis Oktober, die Früchte reifen je nach Sorte ab Juli.

Tomaten brauchen viel Sonne. Der Standort sollte mindestens acht Stunden Sonneneinstrahlung aufweisen.

Wer den wärmeliebenden Pflanzen etwas Gutes tun möchte, arbeitet 10 bis 20 cm unter dem Pflanzloch als Wärmespender entweder angewelkten Mulch (Brennnessel/ Beinwell) oder etwas halb verrotteten Mist ein.

Der Pflanzabstand sollte je nach Sorte etwa 70 cm bis 100 cm betragen. Nur bei ausreichend Licht und guter Luftzirkulation können die Früchte ausreifen und ihr volles Aroma entwickeln. Zu enge Pflanzabstände erhöhen zudem die Gefahr von Pilzerkrankungen.

Pflanzkübel sollten mindestens 10 Liter Erde fassen. Unbedingt auf das Vorhandensein von Abflusslöchern achten, damit keine Staunässe entsteht.

Bei Freiland- oder Kübelanbau empfiehlt sich die Schaffung einer Behelfsüberdachung. Dabei unbedingt auf ausreichende Belüftung achten, damit Tau- und Kondenswasser auf den Blättern rasch abtrocknen kann. Blattnässe kann zu Pilzkrankheiten wie der gefürchteten Kraut- und Braunfäule führen.

Tomaten sind Starkzehrer, benötigen neben Stickstoff, Phosphor, Kalk und Kali auch genügend

Magnesium und andere Spurenelemente. Ein gut mit Humus versorgter Boden deckt diesen Bedarf ausreichend. Es empfiehlt sich, bereits im Herbst Gründüngung, Frischkompost oder Mist einzuarbeiten.

Prächtig gedeihen Tomaten, wenn sie regelmäßig mit Tomaten-, Brennnessel- und Beinwelljauche gedüngt werden. Im Handel ist auch spezieller Tomatendünger erhältlich.

Ich sammle immer die ausgegeizten Triebe, setze sie in einem Eimer mit Regenwasser an, rühre gelegentlich um, gebe einmal wöchentlich – bevor ich mich erneut ans Ausgeizen mache – einen Teil

der „Tomatenjauche“ zum Gießwasser und fülle dann Tomatengrün und Regenwasser auf.
Nur frisches Tomatenblattgrün verwenden. Altes, vertrocknetes, braunes Tomatenlaub kann mit Pilzsporen infiziert sein!
Sehr zu empfehlen ist das Mulchen (mit angewelktem Rasenschnitt, zerkleinerten Nesseln, Beinwell, Stroh). Es verhindert das Austrocknen, fördert die Pflanzengesundheit und unterdrückt das Wachstum von Unkräutern.

Weitere Empfehlungen:

Beim Entgeizen ausgebrochene Achseltriebe können als Stecklinge genutzt werden. Bei guten

Witterungsbedingungen reifen – wenn die Mutterpflanze bereits am Eingehen ist – an der Stecklingspflanze die ersten Früchte.

Großfrüchtige Sorten sind rechtzeitig – nach dem 5. oder 6. Fruchtstand – zu entspitzen, damit die Früchte sich voll entwickeln können.

Gießwasser nur an den Wurzelstamm geben. Ich grabe für die gezielte Bewässerung neben jeder Pflanze einen größeren Blumentopf ein.

Wichtig ist auch, auf gleichmäßige Wasserzufuhr zu achten: Zu wenig

Wasser hemmt die Bildung der Aromastoffe, zu viel verwässert sie. Unregelmäßige Wasserzufuhr kann ein Platzen der Früchte bewirken.

Äpfel befördern durch Abgabe des Reifegases Ethylen das Nachreifen von im Herbst noch grün geernteten Tomaten. Deshalb einfach zwei oder drei Äpfel dazulegen.

Reif geerntete Tomaten bleiben ein bis zwei Wochen lang frisch und aromatisch, wenn sie bei etwa 12 bis 15 Grad gelagert werden. Kühlschrankluft macht sie fest und fad.

Auf gute Nachbarschaft!

Basilikum und Tomaten sind nicht nur in der Küche ein ideales Paar, auch beim Anbau entwickeln sich die verschiedensten Basilikumsorten als Beipflanzung ganz prächtig.

Alle Kohlarten, auch Karotten, Radieschen und Rettich, Salat und Spinat fühlen sich in ihrer Nähe wohl. Vermutlich vertreibt der bitterherbe Duft des Tomatenkrauts lästige Schädlinge wie Erdflöhe, Möhren- und Kohlfliegen.
Dagegen sollten Kartoffeln, schon wegen der leichten Übertragbarkeit der Krautfäule, nicht in der Nähe von Tomaten stehen. Auch Rüben, Erbsen und Fenchel gedeihen in Nachbarschaft mit Tomaten nicht gut.

Pflanzen stärken

Es ist für jeden Hobbygärtner ein trauriges Ereignis, wenn nach mehreren Regentagen, meist im

August, ein Teil des Bestands geradezu „über Nacht“ durch Pilzbefall zerstört wird.
Sind die Pflanzen erst einmal an Braunfäule erkrankt, gibt es keine Rettung. Dann hilft nur das Ausreißen.
Vorbeugend kann zur Stärkung der Pflanzen Ackerschachtelhalmbrühe gespritzt werden.
Dazu 1 kg frisches Ackerschachtelhalmkraut oder 150 g Ackerschachtelhalmtee mit 10 Liter Wasser ansetzen. Nach 24 Stunden aufkochen, 30 Minuten sieden lassen. Abgekühlt durch ein Sieb gießen. Die Ackerschachtelhalmbrühe wird am besten vormittags, bei Sonnenschein, in fünf-

facher Verdünnung über die Pflanzen gespritzt. Mehrfache Spritzung im Abstand von 14 Tagen ist erforderlich. Die Kieselsäure des Schachtelhalms stärkt die Widerstandskraft der Pflanzenzellen gegen das Eindringen der Pilzsporen. Wunder kann sie nach meiner Erfahrung nicht bewirken.
Auch Brennnessel- und Beinwelljauche stärken die Pflanzen und machen sie damit widerstandsfähiger. Für Pflanzenjauchen etwa 1kg frisches Kraut auf 10 l Wasser ansetzen. Während des Gärungsprozesses regelmäßig umrühren. Sobald die Jauche vergoren ist, kann sie – in 10facher Verdünnung – zur Düngung genutzt werden.

Sorgfältige Sortenauswahl bei samenechten Sorten oder auch die Entscheidung für eine Hybridsorte (F1-Sorte) mit hoher Braunfäuleresistenz kann Ernteausfall und damit Enttäuschungen vorbeugen. Eine hohe Widerstandsfähigkeit gegen Braunfäule weisen Wildtomaten und auch die Tomate Subarctic Plenty auf.
Von Braunfäule befallene Früchte sind zum Verzehr ungeeignet, weil die Tomate giftige Abwehrstoffe (Phytoalexine) bildet.

Tipps für die Tomatenküche

Tomaten enthalten in den Blättern und Stängeln sowie in den unreifen (grünen) Früchten geringe Mengen Solanin (0,2 % in der unreifen Frucht). Deshalb vor der Zubereitung alle grünen Stellen und auch den Stielansatz herausschneiden.

Für einige Gerichte empfiehlt sich, schon wegen des besseren Aussehens, das Häuten der Tomaten. Dazu den Stielansatz herausschneiden, die Tomaten auf der gegenüberliegenden Seite über Kreuz einritzen, mit kochendem Wasser überbrühen, kurz kalt abschrecken und die Haut abziehen.

Tomatenschalen und Kerne sind wertvolle „Abfälle“, die für die Zubereitung von Brühen, Suppen und Soßen genutzt werden sollten. Am einfachsten in kleinen Gefäßen einfrieren.

Für warme Gerichte können auch Tomaten aus der Konserve verwendet werden. Da es sich fast immer um vor Ort ausgereifte, noch am Erntetag verarbeitete Ware handelt, sind sie frischen Tomaten aus dem Supermarkt meist überlegen. Nicht zu verachten ist auch der geringere Arbeitsaufwand. Ein Kilogramm frische Tomaten kann man durch 600 bis 700 g Konserventomaten ersetzen.

Gemüse und Kräuter sind vor der Verwendung in der Küche gründlich zu waschen bzw. zu putzen. Aus Platzgründen weise ich in den Rezepten darauf nicht gesondert hin.

Alle nachfolgenden Rezepte gelten, falls keine anderen Angaben gemacht werden, für 4 Personen. Berücksichtigen Sie bitte bei den

Kochzeiten, dass diese je nach verwendeter Tomatensorte etwas von den Rezeptempfehlungen abweichen können.

Die Temperaturangaben beziehen sich auf einen Elektroherd mit Ober- und Unterhitze, beim Umluftherd sollte eine um etwa 20 Grad niedrigere Temperatur gewählt werden.

Vorspeisen & Salate

Tomaten mit Mozzarella – ein Klassiker

400-500 g Tomaten mittlerer Größe
1 Bund Basilikum
150 bis 200 g Büffelmozzarella
4-6 EL bestes Olivenöl
2-3 EL guter Balsamico
Meersalz
weißer Pfeffer aus der Mühle

Vorbereitete Tomaten und Mozzarella in Scheiben schneiden. Im Wechsel dachziegelartig auf einer Platte oder auf vier Tellern anrichten. Salz und Pfeffer darüber mahlen. Essig und Öl zu einer Emulsion verschlagen und über die angerichteten Tomaten- und Mozzarellascheiben träufeln. Mit reichlich Basilikumblättchen bestreuen Sofort servieren.

Tomaten-Mozzarella-Röllchen

Neben den traditionellen Mozzarellakugeln gibt es auch Minikugeln und gerollten Mozzarella. Erstere einfach zusammen mit Tomaten und Basilikum anspießen und klassisch würzen. Mozzarellarolle auf Frischhaltefolie ausrollen, mit leicht gepfefferten Tomatenwürfeln (Rezept S. 71) und feingeschnittenem Basilikum belegen, straff mit Haushaltfolie umwickeln. 30 Minuten in den Kühlschrank legen. In etwa 1 bis 1,5 cm lange Stücke schneiden. Salzen, pfeffern, mit Balsamico und Olivenöl beträufeln und mit Basilikumblatt dekorieren.

Bunter Tomatensalat
(für 4 bis 6 Personen)

800-1000 g verschieden-
farbige Tomaten
wilde Rauke
3 EL Olivenöl
2 EL Balsamico
möglichst verschiedene
Sorten Basilikum
Meersalz
Pfeffer aus der Mühle

Vorbereitete Tomaten (mit oder ohne Haut) in gleichmäßige Scheiben schneiden. Zusammen mit der Rauke fächerartig auf einer Platte anrichten. Pfeffer und Salz darüber mahlen. Reichlich kleingeschnittenes Basilikum aufstreuen. Mit Olivenöl und Balsamico beträufeln. Sofort servieren.

Tipp:

Anstelle des dominanten Olivenöls kann der Salat auch mit Rapskernöl, Distelöl oder Sonnenblumenöl zubereitet werden. Alle drei Öle harmonieren gut mit Weißweinessig. Wer es mag, gibt noch etwas Fetakäse oder frischen Ziegenkäse über den Salat.

Tomaten-Gurken-Salat mit Schafskäse

(für 4 bis 8 Portionen)

500 g geschälte Salatgurke
500 g verschiedene Tomaten
1 Gemüsezwiebel
200 g Schafskäse
4-5 große Blätter ausdauernde Kresse, Gartenkresse, Dill, Lauch, glattblättrige Petersilie, mehrere knackige Salatblätter
weißer Balsamico
Rapskernöl
Saft von 1 Biozitrone
Salz, Pfeffer
1 Prise Zucker
einige entsteinte Oliven

Zwiebel in feine Ringe schneiden, salzen, pfeffern und mit etwas Essig beträufeln. Gurke längs halbieren und in Stücke schneiden, Tomaten in mundgerechte Stücke schneiden, dabei die Stielansätze entfernen. Zitronensaft, Essig, Öl Salz, Pfeffer und eine Prise Zucker mit dem Schneebesen zu einem kräftigen Dressing verschlagen.
Marinierte Zwiebeln, Gurken- und Tomatenstücke und kleingeschnittene oder -gezupfte Kräuter vermengen. Das Dressing angießen. 10 Minuten durchziehen lassen. Mit Käsewürfeln und Oliven portionsweise auf Salatblättern anrichten oder diese Zutaten vorsichtig unterheben.

Tomatenwürfel

Tomaten häuten, vierteln, Kernhaus mit einem Löffel entnehmen – kann für Soßen und Suppen genutzt werden – Fruchtfleisch in kleine Würfel schneiden. Salzen, pfeffern und mit etwas Olivenöl marinieren. Besonders attraktiv sind gemischte Tomatenwürfel von roten, grünen und gelben Tomaten. Sie eignen sich für Füllungen oder als Suppeneinlage.

Tomatensoße

1-2 kleingeschnittene Zwiebeln
1 kg Tomaten
1 EL Öl (Sonnenblumen-,
Distel- oder Olivenöl)
Salz
Pfeffer aus der Mühle

In einem großen Topf das Öl erhitzen, Zwiebeln anschwitzen. Die gehäuteten, grob gehackten Tomaten zugeben. Etwa 10 bis 15 Minuten garen, bis alles weich ist. Mit dem Küchenstab pürieren. Mit Salz und Pfeffer abschmecken.

Wer sich an den Kernen stört, kann die Soße auch durch ein Sieb streichen.

Tipp:

Die Zugabe von Knoblauch oder (und) Chili während des Kochvorgangs, von reichlich feingeschnittenem Basilikum, glattblättriger Petersilie oder feingeschnittenem Sellerie-kraut vor dem Servieren sorgt für Abwechslung.

Tomatensuppe

600 g grob zerkleinerte Fleisch-
tomaten ohne Stielansatz
60 g geputzte Sellerieknolle
40 g geputzte Möhre
½ l Kalbsbrühe
1 kleine Zwiebel
1 Knoblauchzehe
1 Chilischote
1 EL Butter oder Öl

In einem Topf die geschälte, zerkleinerte Zwiebel in Butter anschwitzen, kleingeschnittene Sellerie-, Möhren- und Tomatenstücke, angedrückte Knoblauchzehe und die Chilischote zugeben. Nach 3 bis 4 Minuten die Kalbs-

brühe angießen. Etwa ½ Stunde abgedeckt gar ziehen lassen. Wenn das Gemüse weich ist, die Chilischote herausfischen. Die Suppe mit dem Mixstab pürieren und durch ein Sieb streichen. Mit Salz und Pfeffer aus der Mühle abschmecken. Mit frischer Petersilie oder jungem Selleriegrün anrichten. Je nach Geschmack noch 2 EL ungesüßte, aufgeschlagene Sahne unterziehen.

Variation 1

2 EL Tomaten- oder Paprikamark, Schnittlauchröllchen, Kerbel oder Koriandergrün, in Butter geröstete Weißbrotwürfel oder Tomatenwürfel zugeben.

Variation 2

1-2 frisch gekochte und gepellte Kartoffeln sofort pressen, nach dem Erkalten zur Suppe geben und kurz erhitzen. Diese Variante gewinnt zusätzlich durch Zugabe einiger fertig zubereiteter Miesmuscheln und frischer Basilikumblättchen.

Variation 3

Für eine vegetarische Suppe die Kalbsbrühe durch Gemüsebrühe oder Wasser ersetzen. In feine Streifen geschnittenes Wurzelgemüse (Möhre, Sellerie, Petersilienwurzel oder Pastinake) – leicht angeröstet oder blanchiert – ergibt eine köstliche Einlage.

Snacks & Beilagen

Gefüllte Tomaten

12 kleine Tomaten oder
4 große Fleischtomaten
(à 250-300 g)
200 g Schabefleisch
2 EL Semmelbrösel
100 g Mozzarella oder Grillkäse
evtl. 1-2 Knoblauchzehen
1 kleine Zwiebel
Basilikum
1 TL Traubenkernöl
2 EL Olivenöl

Von den Tomaten einen Deckel abschneiden. Mit einem Löffel die Kerne entfernen, das Fruchtfleisch auslösen und kleinschneiden. Ausgehöhlte Tomaten leicht salzen, zum Abtropfen umgekehrt auf ein Gitter oder auf Küchenpapier legen. Backofen auf 180 Grad vorheizen. Traubenkernöl in einer Pfanne erwärmen, feingehackte Zwiebel und Knoblauch anschwitzen, Schabefleisch zugeben, salzen, pfeffern. Unter Rühren kräftig anbraten, Semmelbrösel zugeben, 1 bis 2 Minuten mitbraten. Vom Herd nehmen. Mit 50 g Käsewürfeln, 100 g zerkleinertem Tomatenfleisch und Basilikum vermengen. Tomaten innen pfeffern und füllen. Auflaufform mit 1 EL Olivenöl ausstreichen, die gefüllten Tomaten hineinsetzen, mit restlichem Käse belegen oder mit einer Mischung aus geriebenem Hartkäse und Semmelbröseln bestreuen. Restliches Olivenöl über die Tomaten geben. Etwa 30 Minuten bei 180 Grad auf mittlerer Ebene backen lassen.

Andere Füllungen:
Tomatenwürfel mit etwas gehackter Zwiebel, in Streifen geschnittenem Basilikum und Mozzarellawürfeln, abgeschmeckt mit Salz und Pfeffer.

Variante:

Kleingeschnittene Kissinger Blutwurst mit Semmelbrösel, Mozzarella und Tomatenfruchtfleisch.

Allerlei Tomatenspieße

junge Zucchini
würzige Zwiebeln
kleine Tomaten
(z.B. Subarctic Plenty, Cocktail- oder Wildtomaten)
Fleischwürfel, eingelegt in Würzmischung aus scharfem Senf
Distel- oder Traubenkernöl
Pfeffer, Salz
Traubenkernöl zum Braten
1 Zweig Rosmarin
1 Knoblauchzehe

Gemüsezwiebeln schälen, vierteln und auslösen (je nach Größe 2-3 Schichten). Auf Schaschlikspieße im Wechsel Zucchinistücke, Zwiebelsegmente und halbierte Tomaten aufspießen oder auch nur Zwiebelsegmente und Tomaten.

Variante:
Fleischwürfel, z.B. Schweinekamm oder Filetwürfel vom Schwein oder Rind im Wechsel mit halbierten Tomaten, mit Wildtomaten und Zwiebelstückchen aufspießen (4-5 Fleischwürfel pro Spieß).
In einer Pfanne mit heißem Öl braten, dabei die angedrückte Knoblauchzehe in Schale und den Rosmarinzweig zugeben.
Gemüsespieße während des Bratens mit Salz und Pfeffer aus der Mühle würzen. Je nach Geschmack vor dem Servieren noch-

mals mit frisch gemahlenem Pfeffer für kräftige Würze sorgen. Dazu schmecken Brot, Kartoffel-, Nudel- oder Reissalat.

Tipps:

Die Spieße können auch auf dem Grill zubereitet werden, dann die Gemüsespieße mit etwas Öl bepinseln und auf Alufolie oder in eine Grillschale geben. Vom Knoblauch die Schale nur lose entfernen, nicht vollständig schälen! Mit dem Handballen die Zehe leicht andrücken. So sorgt der Knoblauch für Würze, ohne zu verbrennen.

Geschmorte Tomaten

600 g Cocktailtomaten
(z.B. bunte Mischung)
2 EL Olivenöl
Pfeffer, etwas Meersalz
2 Zweige Rosmarin
4 Zweige Thymian
etwas feingehackter Knoblauch

Den Backofen auf 200 Grad vorheizen. Vorbereitete Tomaten (gewaschen, Stielansatz entfernt) in eine flache Auflaufform geben, mit Olivenöl beträufeln, pfeffern und mit Meersalz bestreuen. Mit den Kräuterzweigen belegen. Im vorgeheizten Ofen etwa 10 Minuten schmoren.

Weinlaub mit Reis in Tomate

20-30 g feingehackte Zwiebel
1 kleingehackte Knoblauchzehe
250 g gewürfelte Fleischtomate
1 EL Olivenöl, Salz, Pfeffer
12 blanchierte Weinblätter
100 g gegarter Rundkornreis

In einem breiten Topf Zwiebel und Knoblauch im Öl anschwitzen, Tomaten zugeben, köcheln lassen, kräftig abschmecken. Auf jedes Weinblatt etwa 1 EL Reis geben, die Ränder so darüber schlagen, dass kleine Päckchen entstehen. In die Tomatensoße einlegen und bei geschlossenem Topf und geringer Hitze 5 Minuten garen.

Tomatenrührei
(für 2 Personen)

120 g Tomatenfleisch, z.B. von der Ochsenherztomate, 10 g Zwiebel reichlich Schnittlauch, 4 Eier 15 g Butter, Salz, Pfeffer

Gehäutete Ochsenherztomate in dünne Scheiben schneiden, dabei die Kerne grob entfernen. Schnittlauch in gleichmäßige Röllchen schneiden. In einer Pfanne 10 g Butter schmelzen und die feingehackte Zwiebel bei mittlerer Temperatur glasig anschwitzen, Tomatenscheiben zugeben, salzen und pfeffern. 2 bis 3 Minuten köcheln lassen. Die Hälfte des Schnittlauchs darüber streuen. Die Eier aufschlagen, in eine Schüssel geben, salzen, pfeffern und mit einer Gabel leicht verschlagen. Die Eiermasse über die Tomaten gießen, ganz kurz stocken lassen, dann mit dem Pfannenwender rühren. Dabei noch 5 g Butter zugeben. Rührei sollte eine feincremige Konsistenz haben, deshalb darf es nicht zu lange auf dem Herd bleiben. Noch etwas weißen Pfeffer darüber mahlen und mit den restlichen Schnittlauchröllchen bestreuen – fertig ist ein schnelles, einfaches Gericht, das mit Schwarz- oder Weißbrot, zu Kartoffelpüree oder Bratkartoffeln, mit Salat oder Kaviar gereicht werden kann.

Fisch & Fleisch

Überbackene Muscheln

je 12 gekochte Miesmuscheln und
schöne Schalenhälften, 10 g Butter
60 g festes Tomatenfleisch
20 g Mozzarella, Basilikum
1 EL geriebener Pecorino pepate

Butter, gehackte Tomate, kleingeschnittenes Basilikum und Mozzarella gut vermengen. Muschelschalen in eine flache Auflaufform stellen. In jede eine Muschel und etwas von der Tomatenmasse geben, Pecorino (oder Parmesan) aufstreuen. Im vorgeheizten Herd bei 200 Grad kurz überbacken.

Schollenfilet mit Tomate, in Alufolie gegart

Pro Person:
1 Schollenfilet
100 g Tomatenwürfel (Rezept S. 71)
1 kleine Knoblauchzehe
Salz, Pfeffer
etwas Zitronensaft
1 TL Distel- oder Olivenöl
Rosmarin
kleinblättriges Basilikum

Schollenfilet salzen, pfeffern und mit etwas Zitronensaft beträufeln. Alufolie mittig leicht ölen, Filet auflegen. Die Tomatenwürfel mit gehacktem Knoblauch und abgezupften Basilikumblättchen

vermengen, über den Fisch verteilen, kleinen Rosmarinzweig darüber legen. Alufolie über dem Fisch gut verschließen. Im vorgeheizten Herd bei 200 Grad auf mittlerer Ebene 20 Minuten garen.
Schmeckt köstlich frisch und leicht. Als Beilage kann Langkornreis, Naturreis oder Wildreis gereicht werden.

Fischfilet auf der Haut gebraten, mit Schmortomaten und Tomatenrisotto

500-600 g Saiblings-,
Forellen- oder Zanderfilet
1-2 feingehackte Schalotten
Pfeffer aus der Mühle, Salz
1 Glas trockener Weißwein
1-2 EL Traubenkernöl

Die Fischfilets auf der Hautseite mehrfach leicht einschneiden, mit Salz und Pfeffer würzen. Öl in Pfanne erhitzen. Die Fischfilets zuerst auf der Hautseite 3 bis 4 Minuten braten, wenden und fertig garen. Den Fisch aus der Pfanne nehmen, warm stellen. Nun die

Schalotten in der Fischpfanne anschwitzen, den Wein angießen. Etwa um die Hälfte reduzieren lassen, vom Herd nehmen, mit etwas kalter Butter abrunden. Mit Salz und Pfeffer nachwürzen. Mit Schmortomaten (S. 85) und Tomatenrisotto (S. 96) anrichten.

Tomatenrisotto, Reissalat

200 g Risotto- oder Rundkornreis
25 g Butter oder Sonnenblumenöl
1 feingehackte Schalotte
100 g in kleine Würfel geschnittenes Tomatenfleisch
20-40 g frisch geriebener Pecorino pepate, ¾ l Tomatensaft
Salz, Pfeffer, glattblättrige Petersilie

Schalotte und Tomatenwürfel in Butter anschwitzen, Reis einstreuen. Wenn er glasig ist, etwa ein Drittel des erwärmten Tomatensaftes angießen. Salzen. Unter gelegentlichem Rühren und wiederholter Zugabe von Tomatensaft ausquellen lassen. Zuletzt den

Käse unterrühren. Mit Salz und Pfeffer abschmecken. Mit Petersilie und etwas Käse dekorieren.

Tipps:

Durch Zugabe von etwas Weißwein, Knoblauch, feingehackter Blattpetersilie und etwas Chili lassen sich geschmackliche Akzente setzen. Ausgekühltes Risotto oder Langkornreis, vermengt mit Schmortomaten, ergibt einen wohlschmeckenden Reissalat, den man mit Kräutern, frischem, sauer eingelegtem oder geschmortem Gemüse anreichern kann.

Tomaten-Kraut-Gulasch

300 g Schweinefleisch, gewürfelt
500-700 g Wirsing oder Spitzkopfwirsing
500 g pürierte Tomaten
2-3 Zwiebeln
1 EL Mehl
1 EL Trauben- oder Rapskernöl
Salz, Pfeffer

Fleischwürfel in heißem Öl kräftig anbraten, salzen, pfeffern, gehackte Zwiebel kurz mitbraten, mit Mehl bestäuben. Alles gut umrühren. Nun das Tomatenpüree angießen. 40 bis 45 Minuten sanft schmoren, feinstreifig geschnittenen Kohl zugeben. Noch

10 bis 15 Minuten köcheln lassen. Mit Salz und Pfeffer abschmecken. Als Beilage Wickelklöße, Kartoffelklöße oder Reis reichen.

Tipps:

Das Gulasch kann auch mit Rindfleisch oder Lammfleisch zubereitet werden. Durch Zugabe von 1-2 kleingehackten Knoblauchzehen, einer Chili- oder Habanero-Schote erhält es Würze bzw. Schärfe.

Pikantes aus dem Ofen

Nudelauflauf

(für 3 bis 6 Personen)

500 g Penne
1,2 kg gehäutete Tomaten
100 g gehackte Zwiebel
Salz, Pfeffer
150 bis 200 g Mozzarella
Basilikum, möglichst verschiedene Sorten
2 EL Olivenöl
2 EL Pecorino pepate

Zwiebel in Olivenöl anschwitzen, grob gehackte Tomaten zugeben, 5 Minuten köcheln lassen. Salzen, pfeffern. Kleingeschnittenes Basilikum zugeben.
Penne nach Kochanleitung, aber nur die halbe Kochzeit garen. Abgießen, dabei 1 Tasse Kochwasser auffangen.
Die Hälfte der Teigwaren in eine Auflaufform füllen, etwa 50 g in Scheiben geschnittenen Mozzarella auflegen, die Soße angießen. Restliche Penne darüber verteilen, mit Tomatensoße abdecken. Falls erforderlich, etwas vom zurückbehaltenen Kochwasser angießen. Mit Mozzarella belegen. Bei 180 Grad erst 20 Minuten auf

unterer Ebene backen, mit Pecorino pepate bestreuen, dann noch 4 bis 5 Minuten auf mittlerer Ebene backen. Bei ausgeschaltetem Herd 5 bis 10 Minuten ruhen lassen. Mit frischem Basilikum bestreut servieren.

Kartoffeltaschen mit Tomatenfüllung

Pellkartoffeln vom Vortag
(geschält 300 g)
etwa 100 g Weizenmehl Type 550
1 Ei, Salz
reichlich kleingeschnittenes Basilikum
100 g Mozzarella
10 Eiertomaten
je nach Geschmack feingehackter Knoblauch
Salz, Pfeffer
1 EL Olivenöl

Tomaten halbieren, in einer flachen Form auslegen, mit Knoblauch, Salz und Pfeffer würzen

und mit Olivenöl beträufeln. Im Herd bei 120 Grad etwa 2 Stunden trocknen.
Geschälte Pellkartoffeln reiben, mit Basilikum, Mehl, Ei und Salz zu einem homogenen Teig verarbeiten. Auf bemehltem Brett ausrollen. Teigplatte in 20 Rechtecke oder Quadrate aufteilen. Jedes mit einer Tomatenhälfte belegen, zuklappen und gut andrücken. Entweder in einer Pfanne oder einer Friteuse in Öl ausbacken oder in leicht gesalzenem Wasser gar ziehen lassen und dann in Butter oder Öl sanft anbraten.

Kartoffel-Tomaten-Auflauf

550 g festkochende Kartoffeln
800 g Fleischtomaten
2-3 EL Olivenöl
Basilikum und glattblättrige Petersilie
evtl. 2 feingehackte Knoblauchzehen

Tomaten häuten (die dünnhäutige Ochsenherztomate kann getrost ungeschält verwendet werden), Stielansatz entfernen, quer in etwa 5 mm dicke Scheiben schneiden. Die Kartoffeln in etwa 3 mm starke Scheiben schneiden oder hobeln. Den Boden der Auflaufform mit 1 EL Öl bestreichen

und mit einer flachen Schicht Tomatenscheiben belegen. Darauf eine Schicht Kartoffelscheiben schuppenförmig auslegen. Salzen, pfeffern, einen Teil der gehackten Kräuter (und Knoblauch) aufstreuen. Nun mit Tomatenscheiben abdecken, würzen, nochmals schuppenförmig Kartoffelscheiben auflegen, salzen, pfeffern und restliche Kräuter darüber streuen. Mit einer Schicht Tomatenscheiben abschließen. Zwei Esslöffel Olivenöl darüber verteilen. Im Herd auf mittlerer Ebene bei 170 bis 180 Grad Ober- und Unterhitze etwa 50 Minuten garen. Die Garzeit ist abhängig von der verwendeten Kartoffelsorte.

Tomaten-Zucchini-Kuchen
(für 2 bis 4 Personen)

2 mittlere Zucchini
400 g gehäutete, entkernte, längs geviertelte Flaschentomaten (frisch oder Konserve)
1 gehackte Knoblauchzehe
Salz, Pfeffer, Öl
3 Scheiben (50-75 g) Ziegenschnittkäse

Hefeteig:
300 g Mehl Type 550
Salz, 2 EL Olivenöl
½ Würfel Hefe
1 Prise Zucker
etwa 1/8 l lauwarmes Wasser
Backform (30 cm Ø)

Das Mehl in eine Schüssel geben, in die Mitte eine Mulde drücken. Die Hälfte des Wassers mit der Hefe, 2 EL Mehl und dem Zucker verrühren, in die Mulde geben, mit etwas Mehl bestreuen. Die Schüssel abgedeckt für 30 Minuten an einen warmen Ort stellen. Öl, Salz und nach und nach das restliche lauwarme Wasser hinzufügen, dabei gründlich durchkneten. Weitere 60 Minuten gehen lassen. Zwischenzeitlich die Zucchini längs in 4-5 mm dicke Scheiben schneiden, mit etwas Olivenöl bestreichen, salzen, pfeffern. Grillen oder in einer Pfanne von beiden Seiten anbraten. Den Hefeteig nochmals gründlich durchkneten, ausrollen und eine Backform mit Rand damit auslegen. Im Wechsel Tomaten und Zucchini darüber verteilen, mit gehacktem Knoblauch bestreuen, mit kleingezupftem Ziegenschnittkäse belegen. Im vorgeheizten Backofen bei 200 Grad auf mittlerer Ebene etwa 30 Minuten backen. Gegen Ende der Backzeit mit Salz und Pfeffer aus der Mühle und etwas mit Öl vermengtem Basilikum bestreuen. Nochmals für 1 bis 2 Minuten in den abgeschalteten Herd stellen. Sofort servieren. Mit einer Salatbeilage ergänzen.

Tomatenstrudel

(für 2 bis 4 Personen)

500 g gehäutete,
kleingeschnittene Tomaten
1 EL Olivenöl, 1 Chilischote
Salz, Pfeffer

Strudelteig:
etwa 180 g Mehl Type 550
Salz, 1 kleines Ei
1 TL weißer Balsamico
1 EL zerlassene Butter
etwa 4 EL lauwarmes Wasser
1 EL Öl

Für den Teig Mehl in eine Schüssel geben, in die Mitte eine Vertiefung drücken. Ei, Butter, Salz, Wasser und Essig in einer Tasse verrühren und in die Mulde gießen. Mittels Handrührgerät so lange verkneten, bis der Teig nicht mehr klebt. Den Teig zu einer Kugel formen, mit Öl bestreichen. Bei Zimmertemperatur abgedeckt mindestens 30 Minuten ruhen lassen. Inzwischen die Tomaten mit dem Olivenöl und der Chilischote in eine Pfanne geben, unter Rühren etwa 10 bis 15 Minuten reduzieren lassen, Schote herausnehmen, reichlich streifig geschnittenes Basilikum unterrühren. Mit Salz und Pfeffer abschmecken.

Strudelteig auf einem leicht bemehlten Küchentuch erst dünn ausrollen, dann mit beiden Handrücken unter den Teig fassen und vorsichtig hauchdünn ausziehen. Die Teigfläche dünn mit Olivenöl bestreichen. Tomatenmasse so darauf verteilen, dass ringsum ein 2 cm breiter Rand bleibt.

Mit kleingeschnittenem Mozzarella belegen. Ränder umschlagen. Zum Einrollen des Strudels das Küchentuch an einer Längsseite anheben und ihn nun rasch aufrollen. Mithilfe des Tuches wird der Strudel auf das mit Backpapier ausgelegte Blech befördert.

Den Strudel mit reichlich Olivenöl bestreichen (evtl. noch 10 bis 20 g Käse aufstreuen). Im vorgeheizten Herd bei 220 Grad 40 bis 50 Minuten backen.

Wintervorrat

Es gibt Zeiten, da fallen so reichlich Tomaten an, dass wir sie beim besten Willen nicht sofort verbrauchen können.

Getrocknet, zu Soße verarbeitet und eingefrostet oder als Püree in Schraubgläser abgefüllt, können wir uns im Herbst und Winter die Erinnerung an den Tomatensommer auf den Tisch holen.

Letscho

1100 g Fleischtomaten
500 g Paprikaschote
2 große Zwiebeln
2 EL Olivenöl
je nach Geschmack
1-2 Knoblauchzehen
1 EL edelsüßes Paprikapulver
Salz und Pfeffer aus der Mühle
1-2 EL weißer Balsamicoessig
evtl. 2 Peperonischoten oder
2-3 Zweige Bergbohnenkraut
2 Zweige französischer Estragon
etwas abgeriebene Zitronenschale

Tomaten häuten und in Stücke schneiden. Paprikaschoten halbieren, Samen und Samenwände entfernen, in Streifen schneiden. Zwiebeln schälen, in Halbringe schneiden; Knoblauch schälen und kleinhacken. Olivenöl im Topf erwärmen, Zwiebel und Paprika zugeben und bei geschlossenem Topf 6 bis 10 Minuten sanft garen, evtl. etwas Wasser zugeben. Die Tomatenstücke, Knoblauch, edelsüßen Paprika (und die Peperonischoten bzw. Kräuterzweige) zugeben. Salzen. Weitere 15 bis 20 Minuten – nun ohne Deckel – köcheln lassen, bis das Letscho die gewünschte Gare und Konsistenz erreicht hat (Kräuterzweige herausnehmen). Mit frisch gemahlenem Pfeffer, Salz und weißem Balsamicoessig abschmecken.

Für feurige Schärfe sorgen ein oder zwei in feine Streifen geschnittene Peperonischoten, eine etwas abgemilderte Variante ergibt sich, wenn die Kerne vor dem Zerkleinern entfernt wurden. Wer es mild-würzig mag, gibt eine Schote im Ganzen in den Topf und entfernt sie nach Beendigung des Kochvorgangs. Abgeriebene Zitronenschale (von Bio-Zitrone) verleiht dem Ganzen eine frische Note. Für die Vorratshaltung am besten noch kochend in Schraubdeckelgläser füllen.

Getrocknete Tomaten

Roma- oder Pflaumentomaten
Salz, Pfeffer, Olivenöl
Kräuterzweige

Tomaten häuten, vierteln, Kernhaus entfernen. Tomatenfilets salzen, pfeffern und mit etwas Olivenöl beträufeln. Backblech mit Backpapier belegen. Die marinierten Filets darauf verteilen. Bei 80 bis 100 Grad im Herd 4 bis 5 Stunden trocknen. Ich streue gern einige Zweige Silberrand- oder Zitronenthymian über die zu trocknenden Tomaten. Auch Bergbohnenkraut oder Rosmarin sorgt für besonderes Aroma.

Tomatenpüree

5 kg vollreife Tomaten
5 Knoblauchzehen
je 1-2 Zwiebeln und Chilischoten
1 Lorbeerblatt
1 TL Salz
3-5 Zweige Zitronenthymian

Tomaten halbieren, Stielansätze herausschneiden. Knoblauch und Zwiebeln schälen und grob zerkleinern. Die Tomaten mit allen Zutaten in einem großen Topf zugedeckt drei Stunden köcheln lassen, dabei gelegentlich umrühren, damit nichts auf dem Topfboden ansetzt. Die Masse in ein mit einem Passiertuch ausgelegtes

Sieb geben, austretende Flüssigkeit in ausreichend großem Topf (4-Litertopf) auffangen. Am besten über Nacht abtropfen lassen.

Nach Entfernung des Lorbeerblatts, der Kräuterzweige und der Chilischoten wird die Tomatenmasse durch ein Sieb passiert, nochmals erhitzt und in Schraubgläser abgefüllt.

Dieses Püree eignet sich ganz hervorragend als Grundlage für Soßen und Pizzabelag.

Tipp:

Der ausgetretene Saft ist eine gute Basis für Suppen, kann aber auch als vegetarische Brühe genossen werden, mit Tomatenwürfeln und frischem Basilikum oder feingehackter Petersilie, Schnittlauch oder Kerbel. Für die Lagerung wird der Saft nochmals erhitzt und kochend heiß in Schraubflaschen oder -gläser gefüllt. Er sollte bis zur nächsten Tomatensaison aufgebraucht werden.

Rezeptverzeichnis

Nützliche Adressen:

VEN, Verein zur Erhaltung der Nutzpflanzenvielfalt e.V.
Ursula Reinhard
Sandbachstr. 5, 38162 Schandelah
www.nutzpflanzenvielfalt.de

Bioland Hof Jeebel
Biogartenversand GbR
Jeebel 17, 29416 Riebau
www.biogartenversand.de

Arche Noah
Obere Straße 40, A-3553 Schiltern
www.arche-noah.at

Aus dem lieferbaren Mini-Angebot

Kochbüchlein

Alles gewickelt & gerollt · Alles vom Ei
Apfelbüchlein · Aronia · Beerenbüchlein
Berlin & Mark Brandenburg kulinarisch
Bierbüchlein · Braten-Rezepte
Champignon & Co. · Drinks · Essen von der
Wiese · Gemüseraritäten · Grillbüchlein
Heißer Bischof – kalter Hund
Holunder-Rezepte · Honig – gesunder Genuss
Jüdische Feste, Geschichte(n) & Gerichte
Käsebüchlein · Kleines Kartoffelbuch
Kürbis-Büchlein · Marmelade & Gelee
Mecklenburg-Vorpommern kulinarisch
Multitalent Zwiebel · Neues Nudelbüchlein
Obstexoten · Pommern kulinarisch
Sachsen kulinarisch · Sachsen-Anhalt
kulinarisch · Sanddorn-Rezepte
Saucen-Rezepte · Schokoladenbüchlein
Senfbüchlein · Sektbüchlein
Spargel-Rezepte · Süße Verführung: Komet-
Geschichte(n) · Thüringen kulinarisch
Tomatenbüchlein · Wild-Rezepte

Naturbüchlein

Heilkräuterbüchlein · Mythos Ginkgo (auch in engl.) · Kamelienbüchlein · Katzenbüchlein · Kleine Naturapotheke · Kleine Pilzkunde · Küchenkräuter · Meerschweinchen-Büchlein · Pferdebüchlein · Wildobst

Literarisches

Das kleine Bach-Büchlein (auch in engl.)
Wilhelm Busch · Engel unterwegs
Fange jetzt zu leben an · Faust-Zitate
Frauen-Weisheit · Fürst Pückler · Geliebte Sisi (auch in engl.) · Glanz des Schönen
Goethe-Zitate · Heine-Zitate
Ich hab dich so lieb · Das kleine Kamasutra
Kinder sind die besten Philosophen
Lotter-Wirtschaft · Martin Luther
Rosa Luxemburg · Märchenkönig Ludwig II. (auch in engl.) · Karl May
Wolfgang Amadeus Mozart (auch in engl.)
Nietzsche-Zitate · Philosophinnen-Sprüche
Rainer Maria Rilke · Joachim Ringelnatz
Schiller-Zitate · Clara & Robert Schumann
Shakespeare-Zitate · Theodor Storm
Der Vogelkopp · Lene Voigt. Weibergespräche
Weisheiten der Welt · Heinrich Zille

Stadt und Land

Auf der Saale-Unstrut-Weinstraße
Auf der Sächsischen Burgen- und Schlösserstraße · Auf der Sächsischen Weinstraße · Berlin für die Westentasche
Burgen und Schlösser im Erzgebirge
Dresden für die Westentasche (auch in engl.)
Erfurt für die Westentasche · Halle für die Westentasche · Im Spreewald unterwegs
Leipzig für die Westentasche (auch in engl.)
Magdeburg für die Westentasche
Markkleeberg für die Westentasche
München für die Westentasche · Parks & Gärten in Sachsen-Anhalt · Potsdam für die Westentasche · Schwerin für die Westentasche
Weimar für die Westentasche

Der besondere Band

Damen gewinnen! · Erzgebirgisches Weihnachtsbüchlein · Fußball-ABC
Gut beraten, froh gestimmt. · Haushaltstipps
Heilende Steine · Sandmännchen-Büchlein
Wetter- & Bauernregelbüchlein